新疆维吾尔自治区地方标准

公路大中修工程勘察设计规范

Specifications for surveying and design of large-scale and middle-scale highway maintenance engineering

DB 65/T 4181—2019

主编单位:新疆维吾尔自治区交通规划勘察设计研究院
新疆维吾尔自治区公路管理局
批准部门:新疆维吾尔自治区市场监督管理局
实施日期:2019 年 04 月 01 日

人民交通出版社股份有限公司
China Communications Press Co.,Ltd.

图书在版编目(CIP)数据

公路大中修工程勘察设计规范 / 新疆维吾尔自治区交通规划勘察设计研究院，新疆维吾尔自治区公路管理局主编. — 北京 : 人民交通出版社股份有限公司，2019.10

ISBN 978-7-114-15843-8

Ⅰ. ①公… Ⅱ. ①新… ②新… Ⅲ. ①道路工程—工程施工—设计规范 Ⅳ. ①U415-65

中国版本图书馆 CIP 数据核字(2019)第 202759 号

书　　名:**公路大中修工程勘察设计规范**
著 作 者:新疆维吾尔自治区交通规划勘察设计研究院
新疆维吾尔自治区公路管理局
责任编辑:黎小东
责任校对:刘　芹
责任印制:张　凯
出版发行:人民交通出版社股份有限公司
地　　址:(100011)北京市朝阳区安定门外外馆斜街 3 号
网　　址:http://www.ccpress.com.cn
销售电话:(010)59757973
总 经 销:人民交通出版社股份有限公司发行部
经　　销:各地新华书店
印　　刷:北京市密东印刷有限公司
开　　本:880 × 1230　1/16
印　　张:1.75
字　　数:47 千
版　　次:2019 年 10 月　第 1 版
印　　次:2019 年 10 月　第 1 次印刷
书　　号:ISBN 978-7-114-15843-8
定　　价:40.00 元
(有印刷、装订质量问题的图书,由本公司负责调换)

目　次

前　　言

本标准依据 GB/T 1.1—2009《标准化工作导则　第1部分：标准的结构和编写》的要求编写。

本标准由新疆维吾尔自治区交通规划勘察设计研究院提出。

本标准由新疆维吾尔自治区交通运输厅归口。

本标准主要起草单位：新疆维吾尔自治区交通规划勘察设计研究院、新疆维吾尔自治区公路管理局。

本标准主要起草人：杨新龙、宋亮、阿布扎尔、徐惠芬、董刚、李国华、孙海、余宏泰、宋学艺、赵勇、陈飞捷、李程、马建勇、周建娇、王吉运、张守林、王立波、张国强、杨艳军、张忠明。

公路大中修工程勘察设计规范

1 范围

本标准规定了公路大中修工程勘察设计的术语和符号及代号,公路养护工程类别划分,前期准备工作、旧路检测及评价、公路勘察、方案设计、施工图设计等阶段的技术要求。

本标准适用于新疆各等级公路土建工程养护工程勘察设计,其他公路可参照执行。

2 规范性引用文件

下列文件对于本文件的应用是必不可少的。凡是注日期的引用文件,仅注日期的版本适用于本文件。凡是不注日期的引用文件,其最新版本(包括所有的修改单)适用于本文件。

JTG B01　公路工程技术标准
JTG C20　公路工程地质勘察规范
JTG D50　公路沥青路面设计规范
JTG E20　公路工程沥青及沥青混合料试验规程
JTG E60　公路路基路面现场测试规程
JTG H11　公路桥涵养护规范
JTG H12　公路隧道养护技术规范
JTG 5210　公路技术状况评定标准
JTG/T C10　公路勘测细则
JTG/T H21　公路桥梁技术状况评定标准
JTG/T J21　公路桥梁承载能力检测评定规程
JTJ 073.1　公路水泥混凝土路面养护技术规范
交公路发〔2007〕358 号　公路工程基本建设项目设计文件编制办法
交公便字〔2006〕243 号　盐渍土地区公路设计与施工指南

3 术语和符号及代号

3.1 术语

下列术语适用于本文件。

3.1.1

评价单元　evaluation unit

进行技术状况评价的最小路段长度,一般取 1000m,可根据实际情况进行调整。

3.1.2

设计单元　design unit

将评价单元按照一定的规则进行合并,形成若干个路段连续且满足最小施工长度要求的评价单元集合,其基本长度不受限制,作为路面病害原因诊断的基础单元。

3.1.3

设计对象　design object

将路况相近、病害原因相同的设计单元统称为一类设计对象,作为养护需求分析及养护方案设计的基础单元。

3.1.4

养护目标　maintenance objective

根据实际路况特点及病害原因诊断结果,结合公路中长期养护规划及养护目标情况确定对各设计对象进行养护工程所要达到的预期效果,包括路面结构使用年限及使用年限内的路况水平两方面。

3.2　符号及代号

下列符号及代号适用于本文件。

CBR——加州承载比(California Bearing Ratio);

MQI——公路技术状况指数(Highway Maintenance Quality Indicator);

SCI——路基技术状况指数(Subgrade Condition Index);

PQI——路面技术状况指数(Pavement Maintenance Quality Index);

BCI——桥隧构造物技术状况指数(Bridge,Tunnel and Culvert Condition Index);

TCI——沿线设施技术状况指数(Traffic Facility Condition Index);

PCI——路面损坏状况指数(Pavement Surface Condition Index);

RQI——路面行驶质量指数(Pavement Riding Quality Index);

RDI——路面车辙深度指数(Pavement Rutting Depth Index);

PBI——路面跳车指数(Pavement Bumping Index);

PWI——路面磨耗指数(Pavement Surface Wearing Index);

SRI——路面抗滑性能指数(Pavement Skidding Resistance Index);

PSSI——路面结构强度指数(Pavement Structure Strength Index)。

4　公路养护工程类别划分

4.1　种类

本标准将公路养护工程按其工程性质、技术复杂程度和规模大小,分为预防性养护、中修工程、大修工程三类。

4.2　分类要求

4.2.1　路基

4.2.1.1　路基局部失稳或出现一般性的损坏,对此类损坏进行维修加固的,划分为中修工程。例如路基局部加宽、加高路基,或改善个别急弯、陡坡、视距,全面修理、接长或个别增设防护工程,局部较大塌方、大面积翻浆和沉陷处理,增设排水设施,改善平交道口,整段加固路肩等。

4.2.1.2　路基出现较大损坏,对此类损坏进行维修并恢复原有技术标准的,划分为大修工程。例如在原有技术等级内因改善线形对路基进行加宽或加高,以及拆除、重建或增建较长段落(≥100m)的挡土墙、护坡等防护工程等。

4.2.2 路面

4.2.2.1 沥青路面

4.2.2.1.1 路面损坏状况指数(PCI)评价为优、良,且路面尚未出现明显病害或将要出现明显病害之前,为保持公路良好的服务水平及路面性能采取的预防性养护工程措施,划分为预防性养护。

4.2.2.1.2 高速公路及一级公路的路面损坏状况指数(PCI)评价为中及中以下,或二级及二级以下公路的路面损坏状况指数(PCI)评价为次及次以下时,采取的修补、罩面等工程措施,划分为中修工程。

4.2.2.1.3 路面结构强度指数(PSSI)评价为次、差时,为恢复或提高沥青路面承载能力采取的工程措施,划分为大修工程。

4.2.2.2 水泥混凝土路面

4.2.2.2.1 高速公路及一级公路的路面损坏状况指数(PCI)评价为优、良,二级及二级以下公路的路面损坏状况指数(PCI)评价为中及中以上时,对个别板块采取的填封裂缝、接缝及恢复表面功能等工程措施,划分为预防性养护。

4.2.2.2.2 高速公路及一级公路的路面损坏状况指数(PCI)评价为中及中以下,二级及二级以下公路的路面损坏状况指数(PCI)评价为次及次以下时,采取的修补等工程措施,划分为中修工程。

4.2.2.2.3 高速公路及一级公路的路面行驶质量指数(RQI)、抗滑性能指数(SRI)评价为中及中以下,二级及二级以下公路的路面行驶质量指数(RQI)、抗滑性能指数(SRI)评价为次及次以下时,为改善路面平整度、提高路面的抗滑能力采取的工程措施,划分为大修工程。

4.2.3 桥梁、涵洞

4.2.3.1 为保证桥梁处于完好技术状态,延长其使用年限,满足承载能力和通行能力要求而在桥梁还没有出现严重病害或将出现严重病害之前进行的养护维修措施,划分为预防性养护工程。

4.2.3.2 对桥涵及其附属构造物一般性磨损和局部损坏进行的修理加固,以恢复原状况的小型工程项目,划分为中修工程。

4.2.3.3 对桥涵及其附属构造物的较大损坏进行综合修理,以全面恢复到原设计标准的技术状况,或在原技术等级范围内进行局部改善和个别增加,以提高其通行能力的工程项目,划分为大修工程。

4.2.4 隧道

参照规范 JTG H12 第 3.2.2 条进行划分。

5 前期准备工作

5.1 基础资料收集

现场勘察前,应收集、分析项目有关的基础资料。基础资料应包括项目路段属性信息、养护信息、交通状况、自然条件、经济参数、既有公路设计文件、筑路材料等,如表 1 所示。

表 1 基础资料收集项目

序　　号	收 集 项 目	详 细 内 容
1	属性信息	养护管理单位、地理位置、公路等级、设计标准、起终点、主要控制点、路线长度、几何线形、横断面形式、路面结构、设计弯沉等

表 1(续)

序　号	收集项目	详细内容
2	养护信息	建设历程、养护历史、历年路况检测数据及主要病害类型、历史处治措施及效果等
3	交通状况	历年交通量、交通组成数据、事故多发路段、轴载谱等
4	自然条件	地形地貌、工程地质、水文地质、气候条件、地震等
5	经济参数	工程材料单价、人工费用、运输成本、地方经济指标等
6	筑路材料	材料来源、材料质量、材料单价等
7	设计文件	设计(变更)文件、交(竣)工文件
8	其他资料	工程用水电、工程便道、绕行路线等

5.2　现场踏勘

结合工程性质、规模、技术复杂程度、工作内容、难点对项目进行现场踏勘,了解工程概况。初步掌握既有公路路基、路面、桥涵及交通安全设施等使用状况及主要存在的问题,对病害的分布、规模和发展趋势等方面进行详细了解。

5.3　工作大纲编制

应针对项目特点,结合实地踏勘情况,参见附录 A 编制《勘察设计工作大纲》。

6　旧路检测及评价

6.1　一般规定

6.1.1　公路技术状况评价指标

公路技术状况包含路基、路面、桥隧构造物和沿线设施四个部分,评价指标体系如图 1 所示。

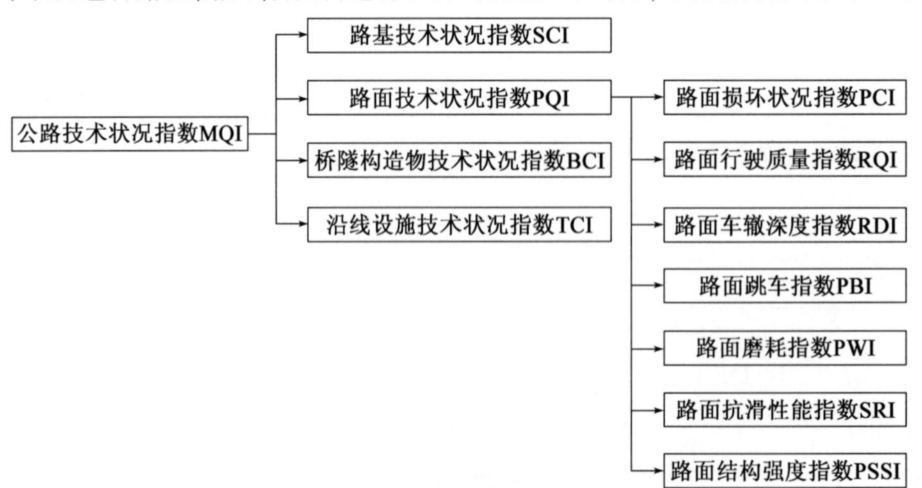

图 1　公路技术状况评价指标体系图

6.1.2　公路技术状况评价

公路技术状况指数 MQI 按式(1)计算:

$$MQI = w_{SCI}SCI + w_{PQI}PQI + w_{BCI}BCI + w_{TCI}TCI \quad (1)$$

式中：w_{SCI}——SCI 在 MQI 中的权重，取值为 0.08；

w_{PQI}——PQI 在 MQI 中的权重，取值为 0.70；

w_{BCI}——BCI 在 MQI 中的权重，取值为 0.12；

w_{TCI}——TCI 在 MQI 中的权重，取值为 0.10。

各分项指数计算方法参照 JTG 5210 的有关规定执行。

6.1.3 公路技术状况评定标准

公路技术状况指数 MQI 和相应分项指数的值域为 0 ~ 100，评价分优、良、中、次、差五个等级，评价标准应符合表 2 的要求。

表 2 公路技术状况评定标准

评价等级	优	良	中	次	差
MQI 及各级分项指数	≥90	≥80，<90	≥70，<80	≥60，<70	<60

6.1.4 评价单元

宜根据路段实际情况确定，一般取 1000m。对于病害情况复杂或者存在特殊情形时，不受上述长度限制。

6.2 路基

6.2.1 路基技术状况检测

路基技术状况检测应包括以下内容：

a) 路基损坏调查可采用人工检测进行现场调查、汇总和计算，损坏状况参照 JTG 5210 的有关规定进行分类、识别和计量；

b) 路基技术状况数据分析评价参照 JTG 5210 的有关规定进行，作为各类养护工程中对路基评价的基础性依据。

6.2.2 路基专项检测

对于路基中修工程、大修工程，应开展路基专项检测工作，内容包括土基类型、力学强度、土基含水率、含盐量、沿线地质构造等内容，评价标准应符合表 3 的要求。

表 3 路基专项检测评价

检测内容	评价标准	评价等级
天然含水率 液限 塑限 CBR 值 平均含盐量 压实度	土基干燥稳定； 路基土强度充足，CBR 指标、平均含盐量满足设计要求； 沿线地质状况稳定	好
	土基处于中湿状态，含水率偏高； 路基土强度接近或低于设计下限，CBR 指标偏低，平均含盐量偏高； 沿线地质状况复杂，存在高填方、水流冲刷等路段	中
	土基处于潮湿状态，含水率过高； 路基土强度不足，CBR 指标、平均含盐量不满足设计要求； 属于软土地基、多年冻胀地基等不稳定基础类型	差

6.3 路面

6.3.1 路面技术状况检测

6.3.1.1 检测要求

检测数据包括路面损坏状况、路面平整度、路面车辙、路面跳车、路面磨耗、路面抗滑性能、路面结构强度七项内容，各项检测指标参照 JTG 5210 的有关规定进行分类计算。路面技术状况数据的要求应根据不同公路等级进行区分，并符合表 4 的要求。

表 4 路面技术状况数据检测要求

序号	检测指标	高速、一级公路			二级、三级、四级公路		
		要求	范围	频率	要求	范围	频率
1	路面损坏状况	应	分车道	连续	应	全幅	连续
2	路面平整度	应	分方向	连续	应	全幅	连续
3	路面车辙	应	分车道	连续	宜	分车道	连续
4	路面跳车	应	分方向	连续	宜	分车道	连续
5	路面磨耗	应	分方向	连续	宜	分车道	连续
6	路面抗滑性能	应	分方向	连续	宜	分车道	连续
7	路面结构强度	应	分车道	连续	应	全幅	连续
注：路面磨耗和路面抗滑性能为二选一指标，在检测与调查中可二选一。							

6.3.1.2 检测方法

6.3.1.2.1 路面损坏状况

宜采用快速自动化检测设备进行检测，若条件不具备时，可采用人工调查方式，检测数据以 10m（快速自动化检测）或 100m（人工调查）为单位进行统计。

6.3.1.2.2 路面平整度

宜采用快速自动化检测设备进行检测，检测数据以 10m 为单位进行统计。

6.3.1.2.3 路面车辙

宜采用快速自动化检测设备进行检测，检测数据以 10m 为单位进行统计。

对于二级及二级以下公路，车辙病害明显的路段，应对路面车辙指标进行检测。

6.3.1.2.4 路面跳车

宜采用快速自动化检测设备进行检测，检测数据以 10m 为单位进行统计。

6.3.1.2.5 路面磨耗

宜采用快速自动化检测设备进行检测，检测数据以 10m 为单位进行统计。

6.3.1.2.6 路面抗滑性能

宜采用快速自动化检测设备进行检测，检测数据以 10m 为单位进行统计。

对于二级及二级以下公路,在路面损坏、路面结构强度、路面平整度状况良好,仅表面功能衰减的情况下,应对路面抗滑性能指标进行检测。

6.3.1.2.7 路面结构强度

宜采用快速自动化检测设备进行检测,检测数据以 20m 为单位进行统计。在非不利季节检测时,其检测指标应进行修正。

路面结构强度评价时应采用原设计弯沉值作为评价标准。当既有公路采用容许弯沉值设计时,应将原设计累计轴载次数换算成设计弯沉值后,再进行路面结构强度评价。

在没有收集到既有公路的有效路面设计资料时,应根据现阶段的交通量预测综合分析养护公路的功能、定位及养护需求,重新计算累计当量轴次及设计弯沉值作为路面结构强度的评价标准。

6.3.1.3 路面技术状况数据分析评价

参照 JTG 5210 的有关规定进行。

6.3.2 路面专项检测

6.3.2.1 检测要求

路面专项检测数据应包括路面详细损坏、路面结构实际厚度、内部结构状况、旧路材料性能、旧路结构参数及排水状况等。路面专项检测数据的要求应根据不同公路等级进行区分,并符合表 5 的要求。

表 5 路面专项检测指标要求

序号	路况指标	高速、一级公路			二级、三级、四级公路		
		要求	对象	频率	要求	对象	频率
1	路面详细损坏	必须	分方向	连续	必须	全幅	连续
2	路面结构厚度	必须	分方向	连续/抽样	必须	全幅	抽样
3	内部结构状况	必须	分方向	抽样	必须	全幅	抽样
4	旧路材料性能	可选	分方向	抽样	可选	全幅	抽样
5	旧路结构参数	必须	单向	抽样	必须	全幅	抽样
6	排水状况	必须	分方向	抽样	必须	全幅	抽样
注:抽样检测应选取路面状况良好路段、病害早期发展路段及病害严重路段分别进行取样。							

6.3.2.2 检测方法

6.3.2.2.1 路面详细损坏

路面详细损坏检测应包括各种路面损坏类型的出现位置、破坏形态、严重程度、影响面积、发展趋势等,可通过路面快速自动化检测设备或人工统计的方式进行调查。

路面详细损坏检测应对每一处路面病害进行详细描述,包括其所在路段桩号及横向位置。若采用自动化检测设备进行采集,后期应进行人工识别验证。

6.3.2.2.2 路面结构厚度

路面结构厚度应包括面层厚度、基层厚度、底基层厚度等,结构厚度连续检测宜采用自动化快速检测设备,结合钻芯取样抽样验证的方式进行采集。

6.3.2.2.3 内部结构状况

内部结构状况应包括结构层材料力学强度、结构内部损坏类型、病害发展层位及破坏严重程度、结构层间黏结状况等,可通过钻芯取样、挖探观测、探地雷达图谱判读、材料试验等方式进行检测。

6.3.2.2.4 旧路材料性能

旧路材料性能应包括沥青老化程度、沥青层材料劈裂强度、沥青含量、空隙率、无机结合料无侧限抗压强度等,可通过室内材料试验、动力贯入锥触探等方式进行检测。试样利用钻孔或切割取得,若取得芯样中包含不同层位的沥青混合料,应根据原结构组合情况将其分离后分别进行试验。各项材料试验方法可参照 JTG E20 及 JTG E60。

当采用既有路面材料再生方案时,必须开展旧路面材料性能检测。

6.3.2.2.5 旧路结构参数

旧路结构参数应包括土基顶面当量回弹模量、基层顶面当量回弹模量及路表面当量回弹模量等参数,可通过承载板试验检测、动力贯入锥触探、弯沉盆反算等方法获得,检测方法可参照 JTG E60。

6.3.2.2.6 排水状况

排水状况应包括路表排水设施状况、结构内部排水状况、地下排水状况等,可通过人工调查、渗水仪检测、挖坑观测、钻孔取样等方式进行检测。

6.3.2.3 分析评价

6.3.2.3.1 路面结构均匀性

针对各个设计单元进行路面施工质量均匀性评价,评价内容包括路面结构层厚度均匀性、沥青混合料性质均匀性等,评价标准应符合表 6 的要求。

表 6 路面结构均匀性评价

评价内容	评价标准	评价等级	指标类型
各结构层厚度均匀性	结构层厚度均匀,满足设计要求	好	面层厚度; 基层厚度; 底基层厚度
	结构层厚度变化接近规范要求上限或超出规范要求	中	
	结构层厚度变化较大	差	
路面材料性质均匀性	各指标参数波动均匀,满足设计要求	好	沥青混合料空隙率; 压实度; 沥青含量; 矿料级配; 基层材料无侧限抗压强度; 表面层抗滑性能
	各指标参数存在一定波动,波动范围接近或部分超出设计要求	中	
	各指标参数波动范围较大,严重离析	差	

6.3.2.3.2 内部结构状况

内部结构状况应包括路面结构组合状况、结构内部损坏状况、结构层间黏结状况等三部分,评价标准应符合表 7 的要求。

表7　路面内部结构状况评价

评价内容	评价标准	评价等级	指标类型
结构组合状况	各结构层模量比以及结构层厚度能够满足JTG D50的要求,并设置有相应功能性层位	好	各结构层材料模量比; 各结构层功能匹配
	存在个别结构层强度与其余结构层强度不匹配,个别结构层厚度不满足最小厚度要求	中	
	路面整体结构强度均不匹配,各结构层厚度与材料类型不匹配,缺少功能性层位,如排水层、封层等	差	
结构内部损坏状况	病害仅在表面层发展,其下部结构完整	好	病害发展层位; 结构层破坏严重程度
	病害发展至整个面层,基层结构完整	中	
	病害发展至整个路面结构层,整体结构基本已发生破坏	差	
结构层间黏结状况	各结构层之间黏结紧密,形成整体	好	各沥青面层之间黏结状况; 面层与基层之间黏结状况
	层间结合部位出现部分材料松散,但仍能形成整体	中	
	各结构层完全脱离,层间结合部位材料松散	差	

6.3.2.3.3　旧路材料性能

旧路材料性能应包括面层材料性能、基层材料性能两部分。

面层材料性能评价内容包括旧沥青性能、混合料组成情况及力学强度等;基层材料性能主要评价其力学强度状况。评价标准应符合表8的要求。

表8　路面材料性能评价

评价内容	评价标准	评价等级	指标类型
沥青面层材料性能	沥青材料没有发生老化变质; 混合料组成情况满足设计要求	好	沥青针入度(25℃); 沥青延度(15℃); 沥青软化点(5℃); 混合料沥青含量; 矿料级配; 空隙率
	沥青材料轻度老化; 混合料组成不能完全满足设计要求	中	
	沥青材料严重老化; 混合料组成完全不满足设计要求	差	
基层材料性能	材料强度适中,满足设计要求	好	无侧限抗压强度
	材料强度接近设计要求下限	中	
	材料强度过低,超出设计要求	差	

6.4　桥梁、涵洞

6.4.1　桥梁

6.4.1.1　调(检)查检测方法及内容

检测内容一般由桥梁外观破损检查、桥梁结构和材料检测及桥梁荷载试验三部分组成。

桥梁结构检测应采用无损检测手段，对桥梁进行全面检测和探伤，分析损坏的原因、程度和范围，判别损坏所造成的后果以及潜在缺陷可能给桥梁结构带来的危险，为评价桥梁的耐久性和承载能力、确定维修工程的实施方案提供依据。

6.4.1.2 桥梁技术状况评价

桥梁总体技术状况等级是桥梁整体能否利用的主要依据，主要部件技术状况评价等级是部件利用的主要依据。

桥梁评价应参照 JTG/T H21 评价桥梁技术状况，参照 JTG/T J21 鉴定桥梁承载能力（如需），参照 JTG H11 评价桥梁适应性，分析桥梁病害成因，对既有桥梁的可利用性做出评价，提出维修加固建议。

桥梁技术状况评价标准应符合表 9 的要求。

表 9 桥梁总体技术状况评价

技术状况评价等级	桥梁技术状况描述
1 类	全新状态，功能完好
2 类	有轻微缺损，对桥梁使用功能无影响
3 类	有中等缺损，尚能维持正常使用功能
4 类	主要构件有大的缺损，严重影响桥梁使用功能；或影响承载能力，不能保证正常使用
5 类	主要构件存在严重缺损，不能正常使用，危及桥梁安全，桥梁处于危险状态

对于现场检查中难以判明损坏原因及程度的桥梁、桥梁总体技术状况评价等级为 4 类或 5 类的桥梁、拟通过加固手段提高荷载等级的桥梁、遭受重大自然灾害或意外事件的桥梁、需通过特殊重型车辆荷载的桥梁等 5 种情况，应进行桥梁结构检测。

6.4.2 涵洞

6.4.2.1 调（检）查检测方法及内容

现场采用目测辅助仪器检测进行检查，主要检查内容如表 10 所示。

表 10 主要检查内容

检 查 项 目	检 测 内 容
进水口	铺砌、翼墙、护坡、挡水墙、沉沙井的完整性，洞口连接的平顺性
出水口	铺砌、翼墙、护坡、挡水墙的完整性，排水的顺畅性
涵身两侧	侧墙的渗漏性、开裂、变形或倾斜情况，砌体砂浆脱落、砌块松动情况，基础沉降、冲刷情况
涵身顶部	盖板或拱顶开裂、漏水、变形情况，拱顶砌块松动、脱落情况
涵底铺砌	有无淤塞阻水，铺砌的完整性
涵洞附近填土	渗水、冲刷、空洞、稳定情况
过水能力	位置的适当性，孔径是否足够，涵底纵坡是否合适

6.4.2.2 涵洞技术状况评价

涵洞技术状况等级分为 1 类、2 类、3 类。对于技术状况等级为 2 类、3 类，所列评价标准中符合一项即可判定为相应等级；同时符合不同等级的，按较差等级评价。评价标准应符合表 11 的要求。

表 11　涵洞技术状况评价

技术状况评价等级	评 价 标 准	技术状况描述
1 类	涵体无任何缺损，排水顺畅	全新状况，功能完好
2 类	涵洞淤塞，排水不畅	有缺损，对涵洞使用功能无影响
	侧墙出现渗漏水现象，局部开裂、变形或轻微倾斜；基础发生少量沉降	
	涵顶盖板或拱顶出现开裂、变形、渗漏水，但情况不严重	
	砌体灰缝脱落，局部砌体块件松动或脱落	
	接头或铰接缝处填料脱落	
	压力式涵洞或倒虹吸管的涵顶路面出现浸渍	
3 类	涵洞整体沉降严重，洞内水位低于出水口	有重度缺损，不能正常使用，危及路基稳定
	局部沉降严重，出现错台、管节错位	
	涵底、侧墙开裂严重，侧墙严重倾斜	
	严重漏水，致使路基有空洞	
	浆砌结构的缺口、开裂导致严重漏水，涵洞外侧、基底有冲刷	
	涵顶路面出现浸渍，必须开挖路基维修	
	拱顶的涵顶砌块出现掉落、缺损	
注：需要开挖路基才能维修的缺损，为重度缺损。		

6.5　隧道

6.5.1　土建结构

参照 JTG H12 中的有关规定进行现场检查，评价标准应符合表 12 的要求。

表 12　隧道土建结构技术状况评价标准

技术状况评价类别	评价类别描述
1 类	状态完好。无异常情况，或异常情况轻微，对交通安全无影响
2 类	轻微破损。存在轻微破损，现阶段趋于稳定，对交通安全不会有影响
3 类	中等破损。存在破坏，发展缓慢，可能会影响行人、行车安全
4 类	严重破损。存在较严重破坏，发展较快，已影响行人、行车安全
5 类	危险状态。存在严重破坏，发展迅速，已危及行人、行车安全

隧道土建结构评价为 3 类、4 类的，且其产生原因及详细情况不明时，应做专项检查，通过专项检查完整掌握缺损或病害的详细资料。隧道专项检查参照 JTG H12 的要求执行。

6.5.2　机电设施

参照 JTG H12 中的有关规定进行现场检查，评价标准应符合表 13 的要求。

表 13　隧道机电设施技术状况评价

技术状况评价类别	评价类别描述
1 类	机电设施完好率高,运行正常
2 类	机电设施完好率较高,运行基本正常,部分易耗部件或损坏部件需要更换
3 类	机电设施尚能运行,部分设备、部件和软件需要更换或改造
4 类	机电设施完好率较低,相关设施需要全面改造

6.5.3　其他工程设施

参照 JTG H12 中的有关规定进行现场检查,检查内容包括隧道电缆沟、设备洞室、洞外联络通道、洞门限高门架、洞口绿化、消音设施、减光设施、污水处理设施、洞口雕塑、隧道铭牌等。评价标准应符合表 14 的要求。

表 14　其他工程设施分类判定标准及界限值

设施技术状况分类	技 术 状 态
1 类	设施完好无异常,或有异常、破损情况但较轻微,能正常使用
2 类	设施存在破损,部分功能受损,维修后能使用,应准备采取对策措施
3 类	设施存在严重破损,使用功能大部分或完全丧失,必须停用并采取紧急对策措施

6.5.4　总体技术状况评价

应采用土建结构和机电设施两者中最差的技术状况类别作为总体技术状况评价的等级。

7　公路勘察

7.1　一般规定

公路勘察的工作内容应根据养护工程类别,按照表 15 进行选取。

表 15　公路勘察的工作内容一览表

工 作 内 容	工 程 类 别		
	预防性养护	中修工程	大修工程
交通量预测及分析	可选	可选	必须
控制测量	可选	可选	可选
地形图测绘	—	可选	可选
路线勘测	可选	可选	必须
路基调查	必须	必须	必须
路面调查	必须	必须	必须
桥涵调查	必须	必须	必须
隧道调查	必须	必须	必须

表 15(续)

工作内容	工程类别		
	预防性养护	中修工程	大修工程
路线交叉调查	必须	必须	必须
沿线设施调查	可选	可选	可选
环境保护调查	必须	必须	必须
交通组织调查	必须	必须	必须
工程经济调查	必须	必须	必须
工程地质勘察	—	可选	可选

7.2 交通量预测及分析

7.2.1 调查和收集交通量及交通组成资料、项目区域综合运输现状及交通流分布特征,掌握影响区可供分流的公路网结构、技术状况、交通特性等。

7.2.2 交通量预测方法参照 JTG B01 的有关规定进行,预测年限按各养护工程分类设计使用年限进行。

7.2.3 在对既有公路交通量及通行能力分析的基础上,结合施工方案,提出施工期间各段公路服务水平。

7.2.4 公路通行能力分析方法参照 JTG B01 的有关规定进行。

7.2.5 交通量换算采用小客车为标准车型,各种汽车代表车型及车辆折算系数规定应满足 JTG B01 的规定。

7.3 控制测量

控制测量的工作方法及要求应满足 JTG/T C10 的有关规定。

7.4 地形图测绘

7.4.1 中修工程、大修工程中对局部路线线位进行改移或新增桥涵、支挡防护工程、线外工程时,应根据需要进行相应的地形图测绘。

7.4.2 地形图测绘的工作方法及要求应满足 JTG/T C10 的有关规定。

7.5 路线勘测

7.5.1 路线勘测工作包括中线敷设、中桩高程测量和横断面测量。

7.5.2 对于预防性养护工程,不必进行路线勘测工作;对于中修工程,当既有公路里程标识缺失严重时,应对路线中线进行敷设;对于大修工程,在路线中线敷设的同时,还要进行中桩高程测量和横断面测量。

7.5.3 大修工程需对旧路平、纵面指标进行分析和评价,若不满足规范要求应予论证和说明,并进行优化。

7.5.4 路线勘测的工作方法及要求应满足 JTG/T C10 中定测阶段的有关规定。

7.6 路基调查

路基调查的工作方法及要求应在满足 JTG/T C10 中定测阶段有关规定的基础上,重点调查既有路基主体的使用状况及既有路基支挡结构、防护工程、排水系统的使用情况等内容，查明病害的性质、成因、规模、稳定情况及发展趋势，为分析病害原因、确定养护方案提供依据。

7.7 路面调查

路面调查的工作方法及要求应在满足 JTG/T C10 中定测阶段有关规定的基础上，重点调查既有路面的结构形式、使用状况、破损形式、排水状况等内容，查明病害的性质、成因、规模、稳定情况及发展趋势，为分析病害原因、确定养护方案提供依据。

7.8 桥涵调查

桥涵调查的工作方法及要求应在满足 JTG/T C10 中定测阶段有关规定的基础上，重点调查既有桥涵的结构形式、使用状态、缺损状况和适应性等。

养护工程桥涵的调查，主要为了判定桥涵的技术状况，确定桥涵能否利用，同时为拟定桥涵设计方案提供必要的基础资料，凡涉及以上方面的内容均需进行调查。

7.9 隧道调查

隧道调查的工作方法及要求应在满足 JTG/T C10 中定测阶段有关规定的基础上，重点调查既有隧道的结构形式、使用状态、缺损状况、渗漏水情况、瓦斯及其他有害气体渗入情况、路面病害、冻害状况和适应性等。

应对既有隧道的设计、施工及运营安全等情况进行详细调查，为隧道维修加固、施工期间应急预案制订等提供基础资料。

既有隧道技术状况的调查主要进行隧道竣工图、设计与施工阶段相关地质资料、设计与施工变更情况、施工记录等原始资料的收集整理，并对隧道运营后隧道结构与附属设施的病害与处治情况、通风照明及其他机电设施的运营状况、交通事故情况等进行全面调查、统计分析。

7.10 路线交叉调查

路线交叉调查的工作方法及要求应在满足 JTG/T C10 中定测阶段有关规定的基础上，重点调查交叉范围内的建筑限界情况，相邻互通式立体交叉、服务区、停车区、大桥、隧道等的间距；调查交叉范围内的实际运营状况、交通事故、历史交通量等；调查收费站车道数、设备配置情况，以及收费广场、匝道、被交线交叉口等的运营情况。

对于事故多发路段，应核查路线交叉范围内技术指标的规范符合性，评价其视距、车道宽度、平纵线形、超高加宽、过渡段长度等技术指标的合理性。

7.11 沿线设施调查

当前的公路大中修工程一般不涉及沿线设施方面的内容，如有需要，应对已建成公路沿线设施进行针对性调查，对公路沿线设施设置不足或存在安全隐患的路段进行完善设计。

沿线设施调查的工作方法及要求应满足 JTG/T C10 中定测阶段的有关规定。

7.12 环境保护调查

当前的公路大中修工程中环境保护工程一般只针对既有公路废旧材料处理方案展开，如有其他方面环境保护需求，环境保护调查的工作方法及要求应满足 JTG/T C10 中定测阶段的有关规定。

7.13 交通组织调查

7.13.1 开展交通组织调查，并进行交通组织设计；预防性养护工程、中修工程受施工影响造成二级以上公路不满足三级服务水平、二级及二级以下公路不满足四级服务水平的路段应开展交通组织调查，并进行交通组织设计。

7.13.2　交通组织调查应包括影响区的地理位置、行政区划、城镇分布、人口、产业、资源和自然条件等情况；影响区内可供分流的公路网结构、技术状况、交通特性等；施工期供分流路段的维修加固、交通管制等情况；对交通组织有影响的既有公路构造物分布情况。

7.13.3　应分析现有公路的通行能力和服务水平，评价现有公路交通流的运行状况。应分析预测施工期路段和区域路网的交通量，分析现有公路构造物分布、主体工程改扩建方案对交通组织的影响。分析提出路网分流的可行路径，当分流公路需进行维护改造时，应提出相应的技术要求和措施。

7.14　工程经济调查

工程经济调查的工作方法及要求应满足 JTG/T C10 中定测阶段的有关规定。

7.15　工程地质勘察

7.15.1　当桥涵构造物需进行加固或新建、路基需进行局部改善、增设支挡防护工程或进行特殊路基处理时，应进行相应的工程地质勘察。

7.15.2　工程地质勘察的工作方法及要求应满足 JTG C20 中定测阶段工程地质勘察的规定。

7.16　勘察报告编制

参见附录 B。

8　方案设计

8.1　一般规定

8.1.1　在调查、评价的基础上，根据全寿命周期成本、投资规模及需采用的维修措施，结合大中修工程的主要技术指标和需求，对既有工程予以充分利用。

8.1.2　公路大中修工程设计应贯彻国家有关技术经济政策，积极采用新技术、新结构、新材料和新工艺。

8.2　工程措施及适用条件

8.2.1　沥青路面

8.2.1.1　设计使用年限

沥青路面养护工程的设计使用年限应符合表 16 的要求。

表 16　设计使用年限一览表

公路等级	设计使用年限(年)		
	预防性养护	中修工程	大修工程
高速公路、一级公路	2 ~ 5	5 ~ 8	10 ~ 15
二级公路	2 ~ 5	4 ~ 6	8 ~ 12
三级公路	2 ~ 5	3 ~ 4	6 ~ 10
四级公路	2 ~ 5	3 ~ 4	5 ~ 8

大修工程设计使用年限内允许进行合理的预防性养护和中修养护措施。

若项目路段对设计使用年限有特殊的使用要求,经管理部门同意,设计年限时可不受上表所列年限限制。

8.2.1.2 预防性养护

预防性养护措施包括含砂雾封层、碎石封层、稀浆封层、微表处和薄层罩面等,其厚度一般不超过4cm,应根据旧路状况、养护时机和预期使用年限等因素参照表17、表18进行选择;预防性养护工程设计弯沉值可不作要求。

表17 预防性养护措施使用年限

措施	含砂雾封层	稀浆封层	微表处	碎石封层	复合封层	超薄磨耗层	薄层罩面	复合罩面
使用年限(年)	2	2~3	2~3	2~3	3~4	3~4	3~4	4~5

表18 预防性养护措施应用条件

公路等级	交通状况	预防性养护措施							
		含砂雾封层	稀浆封层	微表处	碎石封层	复合封层	超薄磨耗层	薄层罩面	复合罩面
高速公路 一级公路	重交通及以上	△	×	★	×	★	★	★	★
	中交通及以下	★	×	★	△	★	★	★	★
二级及 二级以下	重交通及以上	△	△	★	△	★	★	★	★
	中交通及以下	★	★	★	★	★	★	★	★
注:★——推荐,△——谨慎推荐,×——不推荐。									

8.2.1.3 中修工程

中修工程的工程措施主要包括直接加铺罩面和铣刨加铺罩面两类,适用条件如表19所示;中修工程设计弯沉值可不作要求。

表19 中修工程措施及适用条件

措施及方法	适用条件						
	公路等级	PCI/RQI	PSSI	RDI	主要病害类型	旧混合料性能	高程要求
直接加铺罩面	高速及一级公路	80~90	≥80	>70	轻微变形类或松散类病害	良好	不受限
	二级及三级公路	75~85	≥80	>70			
	四级公路	70~80	≥80	>70			
铣刨加铺罩面	高速及一级公路	75~85	≥80	<70	裂缝类或重度车辙类病害	高温稳定性或低温抗裂性差	受限
	二级及三级公路	70~80	≥80	<70			
	四级公路	70~80	≥80	<70			

8.2.1.4 大修工程

大修工程的结构组合类型主要包括旧路加铺补强、面层铣刨重铺、面层铣刨基层补强和路面结构重建四类，适用条件如表 20 所示；大修工程设计弯沉值应根据交通量及其组成情况计算确定。

表 20 大修工程措施及适用条件

措施及方法	适用条件				
	公路等级	PCI/RQI	PSSI	基层状况	养护需求
旧路加铺补强	高速及一级公路	80～90	<80	基层完整、状况良好	旧路补强
	二级及三级公路	75～85	<80		
	四级公路	70～80	<80		
面层铣刨重铺	高速及一级公路	75～85	<80	基层基本完整，仅局部损坏	更换面层、基层局部处治，按强度需求设计面层厚度
	二级及三级公路	70～80	<80		
	四级公路	70～80	<80		
面层铣刨基层补强	高速及一级公路	<75	<80	基层强度偏低、基层上部松散破碎	更换面层、基层维修处治，按强度要求进行基层补强
	二级及三级公路	<70	<80		
	四级公路	<70	<80		
路面结构重建	高速及一级公路	<70	<80	基层损坏严重， 基本呈松散破碎状态	更换面层和基层，按强度要求设计新铺路面结构
	二级及三级公路	<70	<80		
	四级公路	<70	<80		

8.2.2 水泥混凝土路面

根据水泥混凝土路面病害类别应分别采取不同的措施，适用条件如表 21 所示。

表 21 水泥混凝土路面养护工程措施及适用条件

措施	填封裂缝	填封接缝	部分深度修补	全深度修补	换板	沥青混合料修补	板底封堵	板顶研磨	边缘排水
破碎板	L				M\H				
角隅断裂	L\M			H					
裂缝	L\M			H					
错台		L\M					H	H	M\H
唧泥		L\M					M		M
脱空		L\M					L\M		M
沉陷					M\H	L\M	L\M		
拱起				M\H	H				
接缝碎裂			M\H	H		M\H			
纵缝张开		L\H							
填缝料损坏		M\H							

表 21(续)

措　施	填封裂缝	填封接缝	部分深度修补	全深度修补	换板	沥青混合料修补	板底封堵	板顶研磨	边缘排水
露骨						H			
坑洞			L\M\H						
活性集料反应					H	M			
集料冻融裂纹			M\H	H					

注 1:预防性养护主要包括裂缝修补、接缝修复、薄层罩面、板下封堵等措施。
注 2:表中 L、M、H 表示病害轻重程度等级,L-轻度;M-中度;H-严重;病害等级按照 JTJ 073.1 的规定进行分级。

8.2.3　桥涵工程

根据桥涵的检测评价类别应分别采取不同的措施,适用条件如表 22 所示。

表 22　桥涵养护工程措施及适用条件

结构类型	技术状况评价等级	措　施
桥梁	1 类	正常保养
	2 类	小修
	3 类	中修,酌情进行交通管制
	4 类	大修或改造,及时进行交通管制,缺损较严重时应关闭交通
	5 类	改建或重建,及时关闭交通
涵洞	1 类	正常保养
	2 类	中修
	3 类	大修或改造,及时进行交通管制

8.2.4　隧道

隧道病害的处理措施根据病害的不同类型参照 JTG H12 的相关规定执行。

8.3　方案综合比选

8.3.1　方案综合比选应包括技术因素比选和社会经济因素比选,应根据候选方案设计目标或结构强度的差异性,选择相应的比选方法。

8.3.2　技术因素比选时,应综合考虑路面性能恢复情况、施工难易程度、施工工期、施工期间交通组织、环境保护与资源节约效果、本地区施工技术水平等因素,并结合实际养护工程需求,选择技术上最合理的养护方案。

8.3.3　经济因素比选时,应采用全寿命周期经济分析方法计算各候选方案的初期养护投资、后期养护费用、用户费用和路面残值,并选择分析期内全寿命周期费用最低的养护方案。

9 施工图设计

9.1 一般规定

9.1.1 应根据外业验收意见,进一步明确设计原则和目标,确定最终养护方案及各项工程数量,提出文字说明和适应施工需要的图表资料,并编制施工图预算。

9.1.2 应根据公路技术状况调查、检测评价、工程地质勘察等结论,对公路路线、路基、防护、排水、路面、桥梁、涵洞、隧道、路线交叉、安全设施等技术状况做出客观准确的评价;查明公路病害或缺陷产生的原因,按照养护的原则和目标,针对性地确定各项养护方案。

9.1.3 养护方案的依据和理由应充分有力;应从技术、经济等方面进行方案比选论证,择优推荐方案;局部病害应根据技术状况调查评价结果,结合勘察资料,按照轻重程度、发展变化趋势,确定合理的处治方案。

9.2 主要工作内容

施工图设计主要包括以下工作内容:

a) 确定养护工程具体范围;
b) 评价既有公路的使用状况,包括路线平面、纵面指标,路基宽度,路基、路面病害,路面状况检测及评价,防护、排水设施,桥涵,隧道,交安设施等;
c) 确定不同类型病害的处治方法,绘制病害处治设计图,对严重或特殊的病害应根据实地情况重点设计;
d) 根据既有公路的使用状况,确定改造方案设计,包括每个路段的路线、路基、防护、排水、路面、桥涵、隧道、交安设施等,并绘制设计图;
e) 确定施工期间交通组织原则及措施,必要时应绘制施工期间的交通组织设计详图;
f) 调查项目筑路材料的质量、储存量、供应量及运距,完成相关材料检测,绘制筑路材料运输示意图;
g) 计算各项工程数量;
h) 提出施工组织计划;
i) 提出人工数量及主要材料、机具、设备的规格及数量;
j) 编制施工图预算。

9.3 设计文件组成

9.3.1 设计文件由施工图设计文件和基础资料两部分组成。

9.3.2 施工图设计文件的编制内容与组成应符合《公路工程基本建设项目设计文件编制办法》的规定。可根据养护工程规模与养护专业范围,合理组织、增减篇章内容。各类养护工程均应单独编制施工期间交通组织篇章。

9.3.3 基础资料。包括公路技术状况调查、检测评价资料,工程地质勘察资料和外业测量资料三部分;具体内容如下:

a) 公路技术状况调查、检测评价资料。应按 JTG H20 规定的项目、顺序及要求编制,不进行公路技术状况指数(MQI)评价,应针对性地提出路面、路基等技术状况评价或说明。
b) 工程地质勘察资料(如有)。包括老路及加宽段或改线段工程地质、水文地质和筑路材料调查、检验等资料。
c) 外业测量资料(如有)。路线平、纵面控制测量资料。

附 录 A
(资料性附录)
工作大纲编制

A.1 编写要求

在初步掌握项目的基本信息、运营管养信息、交通状况、自然条件、既有公路设计方案的基础上,结合勘察设计周期及各专业勘察的具体作业内容编制工作大纲。

工作大纲需明确勘察设计工作内容、工作方案、进度计划、人员安排及质量、安全保障措施,详细说明路况调查检测与评价、病害原因分析、施工组织、筑路材料、工程地质勘察等工作中的关键性技术问题及对策措施。

A.2 主要内容

工作大纲主要包括以下内容:

a) 项目概况;

任务依据、项目背景、路线走向及主要控制点、路网及交通量、主要技术标准等内容。

b) 建设条件;

地形、地貌、地质构造、气象、水文、工程地质、地震、既有公路技术状况等内容。

c) 项目勘察设计特点、关键性技术问题的认识及其对策措施;
   1) 项目勘察设计的特点分析:深入了解项目基本情况,加深对项目的理解,总结项目在勘察设计阶段的特点;
   2) 项目关键技术问题的认识和对策措施:主要包含养护需求及目标分析,根据项目情况、特点分析勘察设计过程中的关键技术问题,并提出对策措施。

d) 勘察设计工作内容、工作方案及计划工作量;
   1) 勘察设计总体思路;
   2) 勘察设计工作步骤;
   3) 勘察设计工作内容及工作方案;
   4) 勘察设计计划工作量。

e) 勘察设计项目组织机构及主要人员安排;
   1) 管理机构设置及主要职能;
   2) 项目组织管理机构设置及主要职能;
   3) 勘察设计项目主要人员组成。

f) 勘察设计进度计划及进度保证措施;
   1) 勘察设计进度计划安排;
   2) 进度保证措施;
   3) 主要勘察仪器、设备及软件配置。

g) 质量保证及管理体系;

质量保证体系、质量保证措施、勘察设计关键工序及管理、勘察方法及手段、接口控制等内容。

h) 后续服务工作安排;包含人员组成、后续服务安排与承诺等内容。

i) 安全生产管理。

j) 问题与建议。

附 录 B
(资料性附录)
勘察报告编制

B.1 编写要求

勘察设计单位应在全面掌握项目的基本信息、运营管养信息、交通状况、自然条件、既有公路设计方案的基础上,结合路况调查检测与评价、病害原因分析及各专业勘察的具体作业内容编制勘察报告。

勘察报告需明确大中修工程的养护目标及需求,详细说明路况调查检测与评价、病害原因分析、养护方案制订及依据、方案比选、实施方案、施工组织、筑路材料、预算编制、工程地质勘察等内容。

需要进行工程地质勘察的,按照 JTG C20 的要求进行工程地质勘察工作,并编制《工程地质勘察报告》。

B.2 主要内容

勘察报告主要包括以下内容:

a) 概述;

项目背景及建设意义、测设依据、既有公路概况、路线全长、主要控制点、养护目标及需求分析、养护方案设计、建设规模、采用的技术标准等。

b) 测设经过;

勘察经过、基础资料收集情况,工作大纲的执行情况、与咨询单位的配合情况、咨询意见的执行情况、投入的仪器设备及人员情况、勘察工作的主要内容及完成的主要工作量。

c) 建设条件;

既有公路概况(基本信息、运营管养信息、交通状况、交通事故分析、既有公路设计方案等)、沿线自然地理环境(工程地质、水文、气候、地震等)等。

d) 路况调查分析与评价;

路线、路基、路面、桥涵、隧道、安全设施及路线交叉等调查分析与评价。

e) 病害原因分析;

结合路况调查情况,针对既有公路的病害类型及分布特点进行病害原因分析,确定病害产生的原因、发展程度及发展趋势。

f) 养护方案设计;

1) 总体设计思路及原则:根据对项目的养护目标及需求分析,结合路况调查检测与评价、病害原因分析,提出项目设计指导思想,制定设计原则;
2) 总体设计方案:根据项目设计指导思想和原则,确定总体养护设计方案;
3) 路线:路线总体走向、全长、主要控制点,结合养护方案说明路线平、纵面的设计、技术指标及采用情况,对于大修工程还应说明控制测量情况;
4) 安全设施:标志、标线等设施分布情况及现状,病害情况及处治措施,新增安全设施情况;
5) 路基:原有路基总体状况,病害分布情况,病害勘察与分析,不同病害处治措施等,新筑路基及新增防护、排水工程应按 JTG/T C10 说明其初拟方案情况;
6) 路面:原有路面总体状况,病害分布情况,病害勘察与分析,不同病害处治措施,养护方案设计、方案比选等,新建路面应按 JTG/T C10 说明其初拟方案情况;
7) 桥涵:原有桥涵技术标准采用情况,整体状况,病害分布情况,不同病害处治措施等,新建桥涵应按 JTG/T C10 说明其初拟方案情况;

8） 隧道：原有隧道技术标准采用情况，整体状况，病害分布情况，不同病害处治措施等；
9） 路线交叉：沿线交叉分布情况，适应性情况，存在的问题及处治措施，新增交叉应说明拟采用的交叉形式及比较方案；
10） 交通工程及沿线设施（如有）：分类说明交通工程及沿线设施分布及使用情况，维修、新增或改建部分说明初拟方案情况；
11） 环境保护措施：环境敏感区分布及初拟的环境保护方案；
12） 筑路材料：筑路材料的质量、储量、分布情况、供应范围及运输条件等情况，拌和厂及预制场设置情况；
13） 施工组织设计：大中修工程的具体实施方案，施工期间的安全保障措施及其他影响施工的问题；
14） 施工期间交通组织：按照项目路段交通量大小、交通组成特点、施工工期、工程实施时间、周边道路通行条件等因素，明确交通组织方案；对于重大项目，应拟定多套交通组织方案，进行综合比选。

g） 问题与建议；

勘察遗留问题，需建设单位或主管部门协助解决的问题；对提高设计质量、水平有益的建议。